D1917209

Inge und Erich Jooß (Hrsg.)

DER TOD IST IN DER WELT

Inge und Erich Jooß (Hrsg.)

Der Tod ist in der Welt

Gedichte zu Sterben und Tod

Mit Zeichnungen
von Eva Johanna Rubin

echter

Die Deutsche Bibliothek – CIP-Einheitsaufnahme

Der Tod ist in der Welt : Gedichte zu Sterben und Tod / Inge und Erich Jooß (Hrsg.). Mit Zeichn. von Eva Johanna Rubin. – Würzburg : Echter 1993
ISBN 3-429-01532-4
NE: Jooß, Inge ([Hrsg.]

Mitglied der Verlagsgruppe »engagement«

© 1993 Echter Verlag Würzburg
Umschlag: Eva Johanna Rubin
Gesamtherstellung: Echter Würzburg
Fränkische Gesellschaftsdruckerei und Verlag GmbH
ISBN 3-429-01532-4

Inhalt

Prüfe deinen Schmerz,
eh du zur Klage anhebst.
Sieh, ob er standhält
der sanften Verwandlung
durch die Stille?

Max Bolliger

Wir vergehn wie Rauch
von starken Winden

Klage

O jammervolle Welt, dem Tod bestimmt,
drin jeder Scherz sich muß zum Schmerze wenden:
der Lerchenjubel, den dein Ohr vernimmt,
er muß mit einem Schmerzenstone enden.

Kaum ist ein Lied zur Zither angestimmt,
springt schon die Saite unter deinen Händen!
Ach, nur der Fisch, der durch das Wasser schwimmt,
hat keinen Todeslaut: wär's anders, fänden

die Dörfer an den Flüssen keinen Schlaf!
Es schreit der Kiesel, den das Eisen traf,
erbärmlich auf, als lebte jemand drin,

der Schmerz verspürt! O jammervolle Welt!
Wie eine Harfe bist du aufgestellt!
Der Wind geht wie ein Seufzen durch dich hin!

Georg Britting

Menschliches Elende

Was sind wir Menschen doch! Ein Wohnhaus grimmer
Schmerzen,
Ein Ball des falschen Glücks, ein Irrlicht dieser Zeit.
Ein Schauplatz herber Angst, besetzt mit scharfem Leid.
Ein bald verschmelzter Schnee und abgebrannte Kerzen.

Dies Leben fleucht davon wie ein Geschwätz und Scherzen.
Die vor uns abgelegt des schwachen Leibes Kleid
Und in das Totenbuch der großen Sterblichkeit
Längst eingeschrieben sind, sind uns aus Sinn und Herzen.

Gleich wie ein eitel Traum leicht aus der Acht hinfällt
Und wie ein Strom verscheußt, den keine Macht aufhält,
So muß auch unser Nam, Lob, Ehr und Ruhm verschwinden.

Was itzund Atem holt, muß mit der Luft entfliehen,
Was nach uns kommen wird, wird uns ins Grab nachziehn.
Was sag ich? wir vergehn wie Rauch von starken Winden.

Andreas Gryphius

Das Leben ein Schauspiel

Was ist dein Lebenslauf und Tun, o Mensch? Ein Spiel.
Den Inhalt sage mir? Kinds, Weibs und Tods Beschwerde.
Was ist es vor ein Platz, darauf wir spieln? Die Erde.
Wer schlägt und singt dazu? Die Wollust ohne Ziel.

Wer heißt auf das Gerüst uns treten? Selbst die Zeit.
Wer zeigt die Schauer mir? Mensch, das sind bloß die
Weisen.
Was ist vor Stellung hier? Stehn, schlafen, wachen, reisen.
Wer teilt Gesichter aus? Allein die Eitelkeit.

Wer macht den Schauplatz auf? Der wunderbare Gott.
Was vor ein Vorhang deckts? Das ewige Versehen.
Wie wird es abgeteilt? Durch Leben, Sterben, Flehen.
Wer führt uns ab, wer zeucht uns Kleider aus? Der Tod.

Wo wird der Schluß erwart't des Spieles? In der Gruft.
Wer spielt am besten mit? Der wohl sein Amt kann führen.
Ist das Spiel vor sich gut? Das Ende muß es zieren.
Wenn ist es aus? O Mensch, wenn dir dein Jesus ruft.

Daniel von Czepko

Denk es, o Seele!

Ein Tännlein grünet wo,
Wer weiß, im Walde,
Ein Rosenstrauch, wer sagt,
In welchem Garten?
Sie sind erlesen schon,
Denk es, o Seele,
Auf deinem Grab zu wurzeln
Und zu wachsen.

Zwei schwarze Rößlein weiden
Auf der Wiese,
Sie kehren heim zur Stadt
In muntern Sprüngen.
Sie werden schrittweis gehn
Mit deiner Leiche;
Vielleicht, vielleicht noch, eh
An ihren Hufen
Das Eisen los wird,
Das ich blitzen sehe!

Eduard Mörike

Leben eines Mannes

Gestern fuhr ich Fische fangen,
heut bin ich zum Wein gegangen,
– Morgen bin ich tot –
Grüne, goldgeschuppte Fische,
rote Pfützen auf dem Tische,
rings um weißes Brot.

Gestern ist es Mai gewesen,
heute wolln wir Verse lesen,
morgen wolln wir Schweine stechen,
Würste machen, Äpfel brechen,
pfundweis alle Bettler stopfen
und auf pralle Bäuche klopfen,
– Morgen bin ich tot –
Rosen setzen, Ulmen pflanzen,
schlittenfahren, fastnachtstanzen,
Netze flicken, Lauten rühren,
Häuser bauen, Kriege führen,
Frauen nehmen, Kinder zeugen,
übermorgen Kniee beugen,
übermorgen Knechte löhnen,
übermorgen Gott versöhnen –
Morgen bin ich tot.

Werner Bergengruen

Vergänglichkeit der Schönheit

Es wird der bleiche Tod mit seiner kalten Hand
Dir endlich mit der Zeit um deine Brüste streichen,
Der liebliche Korall der Lippen wird verbleichen;
Der Schultern warmer Schnee wird werden kalter Sand,

Der Augen süßer Blitz, die Kräfte deiner Hand,
Für welchen solches fällt, die werden zeitlich weichen.
Das Haar, das itzund kann des Goldes Glanz erreichen,
Tilgt endlich Tag und Jahr als ein gemeines Band.

Der wohlgesetzte Fuß, die lieblichen Gebärden,
Die werden teils zu Staub, teils nichts und nichtig werden,
Denn opfert keiner mehr der Gottheit deiner Pracht.

Dies und noch mehr als dies muß endlich untergehen.
Dein Herze kann allein zu aller Zeit bestehen,
Dieweil es die Natur aus Diamant gemacht.

Christian Hofmann von Hofmannswaldau

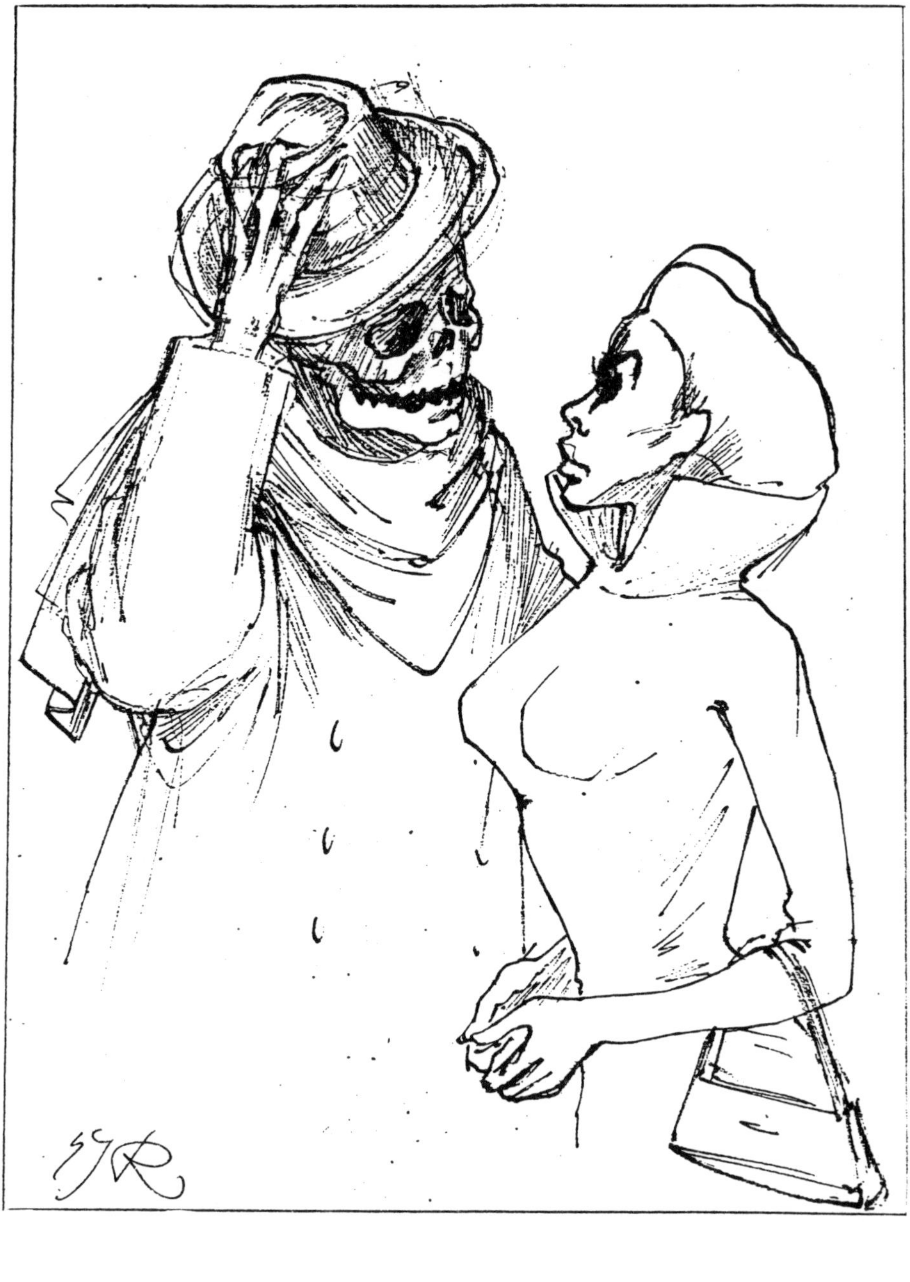

Tod

Wechselnd gehn des Baches Wogen,
Und er fließet immerzu,
Ohne Rast und ohne Ruh'
Fühlt er sich hinabgezogen
Seinem dunkeln Abgrund zu.

Also auch des Menschen Leben,
Liebe, Tanz und Saft der Reben
Sind die Wellenmelodie,
Sie verstummt spat oder früh.

Ewig gehn die Sterne unter,
Ewig geht die Sonne auf,
Taucht sich rot ins Meer hinunter,
Rot beginnt ihr Tageslauf.

Nicht also des Menschen Leben,
Seine Freuden bleiben aus,
Denn dem Tode übergeben,
Bleibt er dort im dunkeln Haus. –

Ludwig Tieck

Sinnliche Beschreibung der vier letzten Dinge

Ihr dummen Sterblichen, die ihr
So frei und sicher lebet
Und stets mit hungriger Begier
Nach Gut und Hoheit strebet!
Wem sammelt ihr dies alles ein,
Was ihr bald müßt verlassen
Und in der letzten Not und Pein
Doch wieder werdet hassen?

So geht das schnöde Leben hin,
So elend, so geschwinde!
So müssen wir von dannen zieh'n,
Gleichwie der Rauch vom Winde.
Wie eine Blum' und Wasserblas'
In einem Hui verderben,
So pflegt auch unser Fleisch, das Gras,
In einem Hui zu sterben.

Betrachte dies, o Menschenkind,
O Kind der Eitelkeiten!
Betracht' es, daß du dich geschwind
Zum Tode mög'st bereiten!
Verlaß die Welt, kehr' dich zu Gott,
Erheb' dich von der Erden,
Daß du nicht darfst in diesem Tod
Ganz tot und sterbend werden!

Stirb, ehe denn du sterben mußt,
Meid', ehe du mußt meiden!
Ertöt' in dir die böse Lust
Und alle falschen Freuden!

Wer nicht gestorben, wenn er stirbt,
Muß ewiglich verderben
Und durch den Wurm, der nie verdirbt,
Ohn' alles Ende sterben

Angelus Silesius

Sterbelied

Es muß nun sein,
ich geb mich drein,
der Tod will mit mir ringen.
Mein Lebenslauf
hört bei mir auf,
ich kann's nicht weiter bringen.
Das Lied ist aus,
eine lange Paus'
muß ich inskünftig singen.

O schöne Sonn,
ich muß davon,
mein Spiel muß sich nun enden,
die Nacht anbricht,
dein Angesicht
wöllest von mir abwenden,
leucht andern fort,
ich bin am Port,
mein Schifflein tut anländen.

Ei gute Nacht
sei auch gesagt
den köstlichen Palästen
von Marmelstein
und Elfenbein
geziert zum allerbesten.
Ein kleiner Kast,
darin ich rast,
g'nügt mir und meinen Gästen.

Der Saiten Klang,
Musik, Gesang,
Lauten und Instrumenten
samt Mummenschanz

und leichtem Tanz
muß ich an Nagel henken.
Es singt vorm Tor
der Tod mir vor,
ich soll an ihn gedenken.

Unbekannter Dichter

Es ist ein Schnitter, heißt der Tod

Der Mensch

Empfangen und genähret
Vom Weibe wunderbar
Kömmt er und sieht und höret
Und nimmt des Trugs nicht wahr;
Gelüstet und begehret,
Und bringt sein Tränlein dar;
Verachtet und verehret,
Hat Freude und Gefahr;
Glaubt, zweifelt, wähnt und lehret,
Hält nichts und alles wahr;
Erbauet und zerstöret;
Und quält sich immerdar;
Schläft, wachet, wächst und zehret;
Trägt braun und graues Haar etc.
Und alles dieses währet,
Wenn's hoch kommt, achtzig Jahr.
Denn legt er sich zu seinen Vätern nieder
Und er kömmt nimmer wieder.

Matthias Claudius

Schnitter Tod

Es ist ein Schnitter, heißt der Tod,
Hat Gwalt vom großen Gott;
Heut wetzt er das Messer,
Es schneidt schon viel besser;
Bald wird er drein schneiden,
Wir müssen nur leiden:
Hüt dich, schöns Blümelein!

Was heut noch frisch und grün dasteht,
Wird morgen weggemäht:
Die edel Narzissel,
Die himmlischen Schlüssel,
Die schön Hyazinthen,
Die türkischen Binden:
Hüt dich, schöns Blümelein!

Viel hunderttausend ungezählt,
Was nur unter die Sichel fällt:
Rot Rosen, weiß Lilgen,
Beid wird er austilgen,
Und ihr, Kaiserkronen,
Man wird euch nicht schonen:
Hüt dich, schöns Blümelein!

Das himmelfarbne Ehrenpreis,
Tulipanen gelb und weiß,
Die silbernen Glocken,
Die goldenen Flocken,
Senkt alles zur Erden!
Was wird daraus werden?
Hüt dich, schöns Blümelein!

Trotz, Tod, komm her, ich fürcht dich nit
Trotz! eil daher in einem Schritt!
Wann Sichel mich letzet,
So werd ich versetzet,
In den himmlischen Garten,
Darauf will ich warten!
Freu dich, schöns Blümelein!

Aus: Des Knaben Wunderhorn

Einfache Gedanken über meinen Tod

Er
wird kommen, weder
mit einem Messer
in der Hand
noch mit
Gebrüll

er wird kommen
wie einer, der zufällig
vorübergeht und nach der Uhrzeit fragt
er wird kommen und seinen Hut lüften

elfter Februar
Neunzehnhundertdreiundsechzig, kurz
nach elf Uhr, der Morgen
ohne besondere
Aussicht, wenig
Licht, das
hereinfällt
in mein Zimmer, Engelbertstraße
vierter Stock

und er wird kommen
er wird den Strom ablesen
und das Gas

er wird
die Tür schließen, höflich
wie jemand, der sich
nicht auskennt
im Leben

Rolf Dieter Brinkmann

Todes Wiegen-Lied

Ich hab' eine Wiege so schmuck und nett,
Und drinnen so weich und so warm ein Bett;
Ich wiege Groß, ich wiege Klein,
Und was ich wiege, schlummert ein.

Ich hab' eine Weise mir ausgedacht,
Es horchet wohl gerne, was weint und lacht;
Sie trällert Kind und Greis zur Ruh,
Das Auge fällt von selber zu.

Ich hab ein fast liebliches Glockenspiel,
Das wohl auch dem Könige selbst gefiel;
Es klingelt, klingelt leise kaum,
Und was da weh that – ist ein Traum.

So kommt dann ihr Kindlein Hand in Hand,
Was Kronen getragen und Besen band,
In meine Wiege, gleich bequem
Für Bettelstab und Diadem.

Was steht da die liebliche Braut so fern?
Ich habe die blühenden Bräute gern;
Der Rosen achte nicht, mein Kind,
Die Lilien viel schöner sind.

Was hat er die Krücke so lieb der Greis!
Was will er auf Erden? sein Haar ist weiß.
Komm her, vergiß es, daß du bist,
Es ist nur glücklich, wer vergißt.

Wol steht er dir stattlich der Doctorhut,
Doch irdische Weisheit macht schweres Blut;
Das Kopfweh und den kranken Wahn
Verschaukelt dir mein leichter Kahn.

Laß, arme Verlorne, dir nimmer graun,
Hier ist noch ein Plätzchen, du darfst vertraun;
Die Tugend und das Glas zerbricht,
Ich wiege nur und richte nicht.

Ehrwürdiger Bischoff gestreng und fromm,
Verschmähe die Nachbarin nicht und komm;
Ob man die Münze lobt und schilt,
Mich kümmert's wenig, was sie gilt.

Was schöne Prinzessin ist Hermelin?
Ich habe Cypressen und Rosmarin. –
Doch heut' ist nun die Wiege voll,
Drum gute Nacht! schlaft alle wohl.

Georg Philipp Schmidt

Der Bettelmann und der Tod

Ein Bettelmann warf seine Krücke
Voll Unmuts in den tiefen Rhein
Und sprach, erzörnt auf sein Geschicke,
O Tod, verkürze meine Pein!
Der Tod erschien ihm aus Erbarmen.
Ei, sprach der Bettler, bist du hier.
Mein Trost und Stab entfiel mir Armen,
Ach schwimm ihm nach und hol ihn mir.

Karl Friedrich Drollinger

Der menschliche Lebenslauf

Das Mädchen spielt mit Puppen
Und putzt und spiegelt sich,
Der Knabe spielt mit Trommeln
Und Stöcken ritterlich.

Der Jüngling spielt mit Mädchen
Und spielt auch mit dem Buch;
Die Schöne spielt am Nachttisch
Und spielet mit Besuch.

Mit seiner lieben Gattin
Spielt auch der Ehemann,
Wenn anders das Geschicke
Es ihm gewähren kann.

Der Held spielt mit den Köpfen,
Die Mars ihm anvertraut;
Der Staatsmann mit Projekten,
Die er auf Hoffnung baut.

Der Dichter spielt mit Reimen:
Und so spielt jedermann,
Bis er, gestört vom Tode,
Nicht weiter spielen kann.

Johann Gottlieb Willamov

Der Tod und das Mädchen

Das Mädchen
Vorüber! Ach, vorüber!
Geh, wilder Knochenmann!
Ich bin noch jung, geh Lieber!
Und rühre mich nicht an.

Der Tod
Gib deine Hand, du schön und zart Gebild!
Bin Freund, und komme nicht, zu strafen.
Sei gutes Muts! Ich bin nicht wild,
Sollst sanft in meinen Armen schlafen!

Matthias Claudius

Grabstele

Der Tod ist nah, er steht schon auf der Schwelle
Schon kann ich seinen Schatten wachsen sehen
Sobald er näher tritt versiegt die Quelle
Und ich muß gehen.

Ich weiß es wohl, warum er noch verweilte
Ich soll den Sinn auf das Vergangne lenken
Doch all die Zeit, die mir so schnell enteilte
Kann ich nicht denken.

Gebt mir das Kästchen mit den goldnen Reifen
Den bunten Steinen und den kalten Ringen,
Ich kann das Leben anders nicht begreifen
Als in den Dingen.

Was gilt mir denn, was mein Verdienst gewesen
Daß ich die Sorge trug und euch verschonte
Daß ich euch Wünsche von den Lippen lesen
Und schweigen konnte.

Was ihr mir danket, hab ich schon vergessen
Was ich erworben, kann mich nicht beglücken,
Mit all dem holden Tand, den ich besessen
Will ich mich schmücken.

Nur das Vergänglichste soll mich erfüllen
Das süßeste Geschenk, das mir gegeben.
Ein Blick, ein Lächeln um der Schönheit willen:
Das war mein Leben

Marie Luise Kaschnitz

Vanitas! Vanitatum vanitas!

All Menschen herkommen aus Erden,
Staub, Erden sie wiederum werden;
seind alt, jung, arm oder reich;
dem Tod gilt mit allen es gleich.

Ohn Unterscheid und ohn Erbarmen
erwürgt der Tod Reiche und Armen:
Durchläuchtige bricht er wie Glas,
gemeine Leute tritt er wie Gras.

Aus tausend errett sich nicht einer,
all werden zu Aschen und Beiner.
Zur kalten, beinrauschenden Schar
zieht er, die nicht wollen, beim Haar.

Unbekannter Dichter

Hobellied

Da streiten sich die Leut herum
Oft um den Wert des Glücks,
Der eine heißt den andern dumm,
Am End weiß keiner nix.
Da ist der allerärmste Mann
Dem andern viel zu reich,
Das Schicksal setzt den Hobel an
Und hobelt s' beide gleich.

Die Jugend will halt stets mit G'walt
In allem glücklich sein,
Doch wird man nur ein bissel alt,
Da findt man sich schon drein.
Oft zankt mein Weib mit mir, o Graus,
Das bringt mich nicht in Wut,
Da klopf ich meinen Hobel aus
Und denk, du brummst mir gut.

Zeigt sich der Tod einst mit Verlaub
Und zupft mich: Brüderl, kumm!
Da stell ich mich zu Anfang taub
Und schau mich gar nicht um.
Doch sagt er: Lieber Valentin,
Mach keine Umständ, geh!
Da leg ich meinen Hobel hin
Und sag der Welt adje!

Ferdinand Raimund

Totengräberlied

Grabe, Spaden, grabe,
Alles was ich habe
Dank ich, Spaden, dir!
Reich und arme Leute
Werden meine Beute,
Kommen einst zu mir!

Weiland groß und edel,
Nickte dieser Schädel
Keinem Gruße Dank!
Dieses Beingerippe,
Ohne Wang und Lippe,
Hatte Gold und Rang!

Jener Kopf mit Haaren
War vor wenig Jahren
Schön wie Engel sind!
Tausend junge Fäntchen
Leckten ihm das Händchen,
Gafften sich halb blind!

Grabe, Spaden, grabe,
Alles was ich habe
Dank ich, Spaden, dir!
Reich und arme Leute
Werden meine Beute,
Kommen einst zu mir!

Ludwig Christoph Heinrich Hölty

Spaden: niederdt. ältere Form für Spaten

Leichenschmaus

Gumpoldskirchner, Speck und Brot!
's ist genug im Haus!
Keiner, Freunde, leide Not
mir beim Leichenschmaus!

Seht ihr euch verstohln und zart
nach der Leiche um?
Liegt nicht drinnen aufgebahrt,
stinkt nicht minder drum.

Hier der Adam, wie er steht,
lebt schon lang nicht mehr,
liegt nicht untern Tisch gedreht,
doch sein Herz ist leer.

Tot ist, tot, wofür er stand,
und sein Glaube tot;
drum begrabt ihn, der euch fand
Speck und Wein und Brot!

Wein! Doch eh im Kreis er geht,
merkt, was ihr begrifft,
und für den sprecht ein Gebet,
den's als nächsten trifft.

Theodor Kramer

Memento mori

Schnapp Austern, Dukaten,
Mußt dennoch sterben!
Dann tafeln die Maden
Und lachen die Erben.

Joseph von Eichendorff

Der Tod

Der Tod ist in der Welt.
Viel Tode stehn in Ecken,
Den Menschen zu erschrecken,
Daß er zu Boden fällt.

Der Meuchler schleicht im Gang.
Du kannst ihn nicht gewahren.
Er packt dich an den Haaren,
Du bist sein Kugelfang.

Gott aber sieht dies Spiel.
Er will dich nicht entbehren.
Tod kann dich nicht entehren,
Und sterben wiegt nicht viel.

Gott steht vor deinem Fall.
Er hält dich, daß du stehst
Und in sein klares All
Mit heiler Seel eingehst.

Georg von der Vring

Ode

du bist mir früh begegnet
ich war erst fünf
ein alter Mann ein Messer in der Hand
beugte sich über eine junge Frau
die auf der Erde lag
doch dann gingst du unverrichteter Dinge
du hattest mich erschreckt
zwei Jahre später kamst du wieder
diesmal machtest du ernst
du nahmst den alten Mann mit dir
ich wollte ihm folgen
ich fiel fast in sein Grab
nicht zu dir wollte ich
ich wollte zu ihm
ich hatte ihn so sehr geliebt
ich war böse auf dich
du hattest mir sehr weh getan
ganz ohne Grund dachte ich
noch ehe ein Jahr verging kamst du wieder
diesmal nahmst du die alte Frau mit
das machte mir nicht viel
die hatte ich nie geliebt
auf dem Friedhof spielte ich Fußball
danach hast du manchmal vorbeigeschaut
die junge Frau wollte zu dir
aber du wolltest sie nicht haben so schien es
den einen wolltest du den anderen nicht
diesen jetzt und jenen später
ich verstand dich nicht
der Ackermann aus Böhmen brachte mich auf deine Spur
da war ich dreizehn
von da an verstand ich dich
du hast mich früh an dich gewöhnt
du warst oft in meiner Nähe
eigentlich hast du es mir leichtgemacht

mit dir zu leben
fast bedaure ich es
dich einmal zu verlieren

Anna Jonas

Du gedenkst des Vergeßnen

Alles Vergeßnen
gedenkst du von Ewigkeit her

Du gedenkst der Fußspur, die sich mit Tod füllte
Bei dem Annahen des Häschers.
Du gedenkst der bebenden Lippen des Kindes
Als sie den Abschied von seiner Mutter erlernen mußten.
Du gedenkst der Mutterhände, die ein Grab aushöhlten
Für das an ihrer Brust Verhungerte.
Du gedenkst der verlorenen Worte,
Die eine Braut in die Luft hineinredete zu ihrem toten
Bräutigam.

Nelly Sachs

Wer wird sich meiner erinnern, wenn ich gehe

Auf den Tod der Kaiserin

Sie machte Frieden! Das ist mein Gedicht.
War ihres Volkes Lust und ihres Volkes Segen,
Und ging getrost und voller Zuversicht
Dem Tod als ihrem Freund entgegen.
Ein Welt-Erobrer kann das nicht.
Sie machte Frieden! Das ist mein Gedicht.

Matthias Claudius

An –, als ihm die – starb

Der Säemann säet den Samen,
Die Erd empfängt ihn, und über ein kleines
Keimet die Blume herauf –

Du liebtest sie. Was auch dies Leben
Sonst für Gewinn hat, war klein dir geachtet,
Und sie entschlummerte dir.

Was weinest du neben dem Grabe
Und hebst die Hände zur Wolke des Todes
Und der Verwesung empor?

Wie das Gras auf dem Felde sind Menschen
Dahin, wie Blätter. Nur wenige Tage
Gehn wir verkleidet einher.

Der Adler besuchet die Erde,
Doch säumt nicht, schüttelt vom Flügel den Staub, und
Kehret zur Sonne zurück.

Matthias Claudius

Für eine Tote

Deine Stimme ist hörbar,
wenn ich sie laut
nachspreche:
erinnerte Sätze,
die uns gehören.

Seit der letzten Umarmung
nimmt die Entfernung
täglich zu.

Auch im Traum
bist du jetzt nicht einzuholen.

Vergiß nicht, wie kurz
der Abschied war
und daß ein Wink
genügt:

Ich werde dich sofort
erkennen.

Richard Exner

Todestag

Was bleibt von einer sehr gestorbenen Frau
(sie starb kurz nach dem Muttertag
und wär auch auf Bitten nicht geblieben) zu was
im Mai die Winde wehen, die Luft ist rauh

vor dreizehn Jahren lebte sie ihr Sterben
Monat um Monat, Tag um Tag geballter Leib
und eines Morgens dann nicht mehr zu was
Maiglöckchenstrauß, ein Mann, zwei Kinder, Erben

zu was, die Frau, die hier jetzt schreibt
gleich alt wie jene sehr gestorbene Frau, als jene
diese Frau gebar, seufzend, rauh röchelnd dann
und schweigend über Töpfen, die andere schreibt

geboren von der sehr gestorbenen Frau
die dieses sagte (Kind) und jenes tat
(Löcher stopfen, Nägel schneiden, in die Augen sehen)
und ließ und ließ, die gottverlassene fromme Frau

verlassen ist ein großes Wort, wer blieb, wer ging
Besteckschubladen, Kreuzstichkissen, Vasen, Leinen
wer klagt, wer fragt, es bleiben sterbliche Fragen
bis sie an keinem Faden, nichts mehr hing.

Ursula Krechel

Letzter Weg

Dem Andenken meiner Mutter

1

Selbst als deine Füße
dich nicht mehr tragen wollten,
gingst du uns voran.

An diesem sanft sonnigen Tag im März.
Auf einem hellen Weg,
der allmählich in die Höhe führte.

Oben, zwischen Grabsteinen,
Gras und dem ausgehobenen Lehm einer Grube,
war für uns,
die deinetwegen Schwarzgekleideten,
kein Weiterkommen.

2

Du aber, im Innersten dir Mut zusingend,
brichst dir längst
eine unsichtbare Bahn.

Über ein kleines
(sagst du vielleicht zu dir selbst)
werden sie mir folgen,
die mich liebhaben
und heute noch zurückbleiben müssen –

werden sich sputen, um mich einzuholen,
die mich liebhaben,
einer nach dem anderen,
fraglos.

3

O moy Bože.

Dankbar werden wir,
bald oder später,
in deine Fußstapfen treten,
wenn sie unversehens vor uns aufschimmern,
als Spur immer weiter vorauslaufen
durch das Unabsehbare,

und auch das Unabsehbare
wollen wir dann
so wenig zu fürchten versuchen
wie du.

Wie du.

Heinz Piontek

So stirbst du
(für Emma Weiß)

Nein, ich liebte dich nicht sonderlich!
In den letzten Jahren deines Lebens
sagte ich Mutter zu dir.
Du warst
die Stiefmutter von Rosy, deren Mann ich bin.
Von ihr weiß ich auch, daß du sie früher
manchmal mit deinem Blut gefüttert hast
ab und zu die Erde der verlorenen Gebiete
in die Haferschleimsuppe streuend
und umrührend mit jener Karrendeichsel
an der du bei der Flucht gezogen hast.
Dein Wahlkind gabst du mir nicht gern.
Ich war dir zu ungefähr, zu ungewiß.

Beim Mandarinenschälen
überraschte uns dein Herz.
Mein Schwiegerpapa, dessen Frau du warst
schaute sich den Fernsehfilm zuende an
ehe er einen entfernt wohnenden Nachbarn
zum Anruf beim Notarzt bewegte.
Natürlich zu spät
für dich.

War er ein Kavalier?
Hat er hinterher die Glotzkiste zerhackt?
Oder legte er dir seine Pantoffel in den Schoß
umständlich nach den Schlüsseln kramend
während der erste richtige Liebhaber
um dich freite
ein ewiger Entführer?

Dein Kopf, sagte man uns, soll wie eine Kugel
ohne festen Halt gewesen sein, nirgends verankert.
Er fiel hin und her,

oben voll Friseurhaaren
um den Mund zerfotzt und verwatscht.
Die Lippen waren magere Striche
die Augen lagen tief innen
wie Perlen in Muscheln
die keiner mehr stiehlt.
Bei deinen Blicken konnte ich mir nicht vorstellen
daß es noch Feuer unter Tränen gibt.
Tut mir leid und weh!

Dann verstand ich, begriff auch
deine winkelnde Hand am Fenster
deren Grüße wir nicht erwidern konnten
weil wir Plastikbeutel schleppten
darin deine Einmachgläser, Schokolade
Brot und Wurst.
Im wirklich allerletzten Augenblick, bei dem ich
nichts mehr sah, weinte ich
hinterm Sarg gehend
und warf die Blumen ins Grab.
Glaubs, den Pfarrer hätte ich am liebsten abgelöst
weil er dich in seiner Predigt behandelt hat
wie eine Sünderin.
Dabei warst du
nicht mehr und nicht weniger
als eine Arbeiterfrau aus einer
Sozialwohnung neben der Ingolstädter Autobahn
dem Schicksal ergeben und
einem saufenden Kriegsversehrten.
Wie stark mußt du gewesen sein! Und wie stolz!

Man hat dich verbraucht, überall
ausgebeutet. In der Wäscherei
verseuchte dich das Dampfbügeln
mit Bronchitis, die schweren Körbe
ruinierten deine Wirbelsäule.
Zum Trost schwärmte man von deiner Zähigkeit.
Ich weiß genau, du hättest auch
im Steinbruch gearbeitet.

Immer ließ ich mich von dir bedienen
fühlte mich ganz als Besuch
plauderte statt dir zu helfen.

Auf den Ämtern hat man dich
mit einer Rente abgespeist
mit ein paar Mark abgefertigt.
Kur war nicht mehr drin.
Aufnimmerwiedersehn statt Dankeschön!
In deinem winzigen Bereich
hast du dich großartig gehalten
den Gatten ertragen
den im Rausch dich prügelnden
dir Ekel vor seinem Schwanz einbleuenden
Gefährten. Nur Springer hat
eine Leserin verloren.
Oft lachte ich über deine Briefe und Karten
statt zu schreiben wie du.

Heute würde ich dich nicht mehr bitten
deine Stimme zu senken.
Ich weiß jetzt, warum du immer
so laut gesprochen hast.
Selbst krank, warst du
gesünder als ich.
Nun rieche ich sogar
die Plastikblumen auf dem Fensterbrett.

Uns ist
als kämst du gleich zurück.
Ich würde mir für dich
die Haare schneiden lassen
und den Bart scheren
einen Aufzug kaufen
und Kuchen zum Kaffee essen.
Dein Tod war normal
nach so vielen Niederlagen.
Dein Schmerz ist unser Problem.

Ja, zweite Mutter, ich liebe dich!
Deine achtlosen Mörder
beträufeln wir mit Honig, bevor wir sie stechen.
Die dich niedrig hielten
fühlen sich erhaben, vielleicht sogar im Recht.
Ich werde sie
in deine Kranzschleifen einbinden.
Das erspart uns das Amen.

Ludwig Fels

Letzte Fahrt

Mein Vater kam im Weidengrau
und schritt hinab zum See,
das Haar gebleicht vom kalten Tau,
die Hände rauh vom Schnee.

Er schritt vorbei am Grabgebüsch,
er nahm den Binsenweg.
Hell hinterm Röhricht sprang der Fisch,
das Netz hing naß am Steg.

Sein altes Netz, es hing beschwert,
er stieß die Stange ein.
Der schwarze Kahn, von Nacht geteert,
glitt in den See hinein.

Das Wasser seufzte unterm Kiel,
er stakte langsam vor.
Ein bleicher Streif vom Himmel fiel
weithin durch Schilf und Rohr.

Die Reuse glänzte unterm Pfahl,
der Hecht schlug hart und laut.
Der letzte Fang war schwarz und kahl,
das Netz zerriß im Kraut.

Die nasse Stange auf den Knien,
die Hand vom Staken wund,
er sah die toten Träume ziehn
als Fische auf dem Grund.

Er sah hinab an Korb und Schnur,
was grau als Wasser schwand,
sein Traum und auch sein Leben fuhr
durch Binsen hin und Sand.

Die Algen kamen kühl gerauscht,
er sprach dem Wind ein Wort.
Der tote Hall, dem niemand lauscht,
sagt es noch immerfort.

Ich lausch dem Hall am Grabgebüsch,
der Tote sitzt am Steg.
In meiner Kanne springt der Fisch.
Ich geh den Binsenweg.

Peter Huchel

Der Tod eines Mannes

Mein Vater starb als die Kissen um seine Stirn wuchsen
Keine Bewegung verriet wem er begegnet war
Auch die Bäume vor dem Fenster verhielten sich still

Später saßen wir ratlos um einen leeren Stuhl
Es war eigentlich nicht viel zu sagen
Erst als im Treppenhaus die Frau zur Arbeit ging
Und gegenüber die Jalousie heraufgezogen wurde
Weinte meine Mutter

Rolf Haufs

Auf den Tod eines Kindes

Schlafe wohl, geliebtes Kind.
So viel tapfrer Helden sterben,
Ganze Völker gar verderben,
Und die Zeit verstiebt wie Wind;
Wie soll denn ein Mensch bestehn?
Muß dies Ganze doch vergehn.

Schlafe wohl! Wir Armen, wir
Bleiben, was wir immer waren:
Jung von Weisheit, alt von Jahren,
Unverständig für und für,
Stumm an Mund, an Augen blind,
Kinder, wie wir kommen sind.

Paul Fleming

Auf den Tod eines Kindes

Du kamst, du gingst mit leiser Spur,
Ein flüchtger Gast im Erdenland;
Woher? Wohin? Wir wissen nur:
Aus Gottes Hand in Gottes Hand.

Ludwig Uhland

Auf meines Kindes Tod (Nr. 8)

Von fern die Uhren schlagen,
Es ist schon tiefe Nacht,
Die Lampe brennt so düster,
Dein Bettlein ist gemacht.

Die Winde nur noch gehen
Wehklagend um das Haus,
Wir sitzen einsam drinne
Und lauschen oft hinaus.

Es ist, als müßtest leise
Du klopfen an die Tür,
Du hättest dich nur verirret,
Und kämst nun müd zurück.

Wir armen, armen Toren!
Wir irren ja im Graus
Des Dunkels noch verloren –
Du fandst dich längst nach Haus.

Joseph von Eichendorf

Todeslauf

Diese Schulhefte waren seine Schulhefte. Er hatte
Eine saubere Handschrift. Seine Schuhe putzte er selbst.
Manchmal kam seine Mutter zu Besuch. Er sagte Tante
Zu ihr. Die Tante gab ihm die Hand. Immer vergaß sie
Ihm etwas zu erklären. Er hielt alle
Gebete ein. Besonders liebte er das Ave Maria.
Seine Großmutter sagte sie sei nicht seine Großmutter.
Sie vergaß, ihm ein Stück Schokolade zu schenken.
Ihm hat nichts gefehlt, sagte die Frau, die ihn aufzog.
Er hat eine schöne Kindheit gehabt, sagte der Mann
Der ihm immer sein Fahrrad repariert hat.
Zuerst meinten sie es sei nichts Schlimmes. Die Schwester
Hat noch mit ihm gesprochen. Auf den Bildern
Sieht er seiner Mutter ähnlich. Zum Glück
Gibt es einen Schmalfilm. Seine Arme
Waren lang und er konnte sie noch nicht in Einklang bringen.
Mit dem Anzug, den sie ihm zur Ersten Kommunion gekauft hatten.
Als er weg war, ließen sie alles an seinem Platz.
Erst allmählich begannen sie, die Schubladen leerzukramen
Einmal, dachten sie, muß er einen Traum gehabt haben.

Rolf Haufs

Auf ein Grab

Der hier begraben liegt, hat nicht viel Geld erworben
und außer dieser hier nie eine Liegenschaft.
Er ist wie jedermann geboren und gestorben,
und niemand rühmte ihn um Tat- und Geisteskraft.

Da er nichts hinterließ, ist er wohl längst vergessen.
Du, Fremder, bleibe stehn und merk auf diese Schrift.
Dann sag mir, ob sein Lob nicht manches übertrifft,
das in der Leute Mund und ihrem Ohr gesessen.

Daß jedes Jahr geblüht, war seine größte Lust!
Da schritt er ohne Hut gemächlich über Land.
Und wenn zur Winterszeit er erstmals heizen mußt,
dann hat er wie den Schlaf den Ofen Freund genannt.

Er teilte brüderlich sein Brot mit Hund und Meise
und wer es sonst begehrt. Hat niemanden verdammt,
hat niemanden gehaßt als nur das Steueramt,
sprach nie vom Börsenkurs und selten über Preise.

Versichert war er nicht und nicht im Sportvereine.
Er ging zu keiner Wahl, er diente keinem Herrn,
sang nicht im Kirchenchor. Zeitungen hielt er keine.
Doch daß ichs nicht vergeß: er hatte Rettich gern.

Er rauchte Caporal. Ist wenig nur gereist.
Dafür hats ihn gefreut, in jungem Gras zu ruhn.
Dann war er noch bemüht, gar niemand wehzutun,
und lobte Gottes Treu und Zuger Kirschengeist.

Du, Wandrer, bitt für ihn. Und bleibe eingedenk,
daß Gott dein Kämmrer ist, dein Truchseß und dein Schenk.

Werner Bergengruen

Anblick eines Toten

Ein Brunnenloch,
unten schwarzes Wasser.

Der Brunnen
ist kein Brunnen.

Das Wasser
hat keine Farbe.

Ich lote
mit dem Senkblei
der Trauer

und stoße
auf keinen Grund.

Wütend
schleudre ich hinab,
was mir
unter die Hände kommt

und höre keinen Aufprall.

Ludwig Steinherr

Wer

Wer wird sich meiner erinnern
wenn ich gehe

Nicht die Spatzen
die ich füttere
nicht die Pappeln

vor meinem Fenster
der Nordpark nicht
mein grüner Nachbar

Meine Freunde werden
ein Stündchen traurig sein
und mich vergessen

Ich werde ruhen
im Leib der Erde
sie wird mich verwandeln
und vergessen

Rose Ausländer

Zigarrenduft, letztmals

Der Rauch seiner Zigarre,
über Blumenbeete hinweg,
erreichte mich –
da sah ich gerade noch
seinen Rücken:
die Türe am Nachbarhaus
schlug zu.
Am nächsten Morgen
trugen sie ihn heraus
im geschlossenen Sarg.
Zigarrenduft,
letztmals,
über den Zaun.

Michael Groißmeier

Kleine Aster

Ein ersoffener Bierfahrer wurde auf den Tisch gestemmt.
Irgendeiner hatte ihm eine dunkelhellila Aster
zwischen die Zähne geklemmt.
Als ich von der Brust aus
unter der Haut
mit einem langen Messer
Zunge und Gaumen herausschnitt,
muß ich sie angestoßen haben, denn sie glitt
in das nebenliegende Gehirn.
Ich packte sie ihm in die Brusthöhle
zwischen die Holzwolle,
als man zunähte.
Trinke dich satt in deiner Vase!
Ruhe sanft,
kleine Aster!

Gottfried Benn

Wir legten die Nutte (an der jeder mal
sein Glück versucht hatte) hinter den Billardtisch
auf zusammengeschobene Stühle und spielten weiter.
Sie blutete nicht mehr. Das Gesicht erloschen
schöner im Tod als im Bett
leicht, gleichmütig, wunschlos.
Wir tranken und rauchten wie immer
die Bälle klickten
und keiner ging an das Telefon und keiner
verschwand durch die Hintertür. Kein Witz verletzte
die Unschuld der Toten.

Christoph Meckel

Der von Anfang an feststehende Sieger

Schluszstück

Der Tod ist groß.
Wir sind die Seinen
lachenden Munds.
Wenn wir uns mitten im Leben meinen,
wagt er zu weinen
mitten in uns.

Rainer Maria Rilke

Friedhoferzählung

Als wir die Tote besuchten,
an einem warmen Oktobertag,
stand am Himmel nicht eine einzige Wolke.
Ein Gärtner, ein paar Steine weiter,
pflanzte irgend etwas ein
und ließ sich Zeit dabei.
Wir gingen später noch ein Stück
durch die Gräberreihen –
ruhig
sprechend über Keats,
der auch hier liegt.
Dann lehnten wir eine Weile stumm
an einem Eisengeländer.
Sterben schien nicht wirklich,
so nah bei denen,
die es hinter sich haben.
Und leben
auch nicht.

Rainer Malkowski

Gegen Verführung

1

Laßt euch nicht verführen!
Es gibt keine Wiederkehr.
Der Tag steht in den Türen;
Ihr könnt schon Nachtwind spüren:
Es kommt kein Morgen mehr.

2

Laßt euch nicht betrügen!
Das Leben wenig ist.
Schlürft es in schnellen Zügen!
Es wird euch nicht genügen
Wenn ihr es lassen müßt!

3

Laßt euch nicht vertrösten!
Ihr habt nicht zu viel Zeit!
Laßt Moder den Erlösten!
Das Leben ist am größten:
Es steht nicht mehr bereit.

4

Laßt euch nicht verführen
Zu Fron und Ausgezehr!
Was kann euch Angst noch rühren?
Ihr sterbt mit allen Tieren
Und es kommt nichts nachher.

Bertolt Brecht

Auf den Sieger

Er, im Hintergrund,
der auf mich wartet,
den ich manchmal fühlen kann
wie einen Fremden,
der lautlos in meinem Rücken
den Saal betritt,
auf den ich mich zubewege
mit Schritten in jede Himmelsrichtung,
verharrend
im Schlaf,
der mir zusieht
mit ausdruckslosem Gesicht
bei der Begegnung mit meinem Körper
morgens vor dem Spiegel,
beim Kofferpacken,
beim Festziehen des Sicherheitsgurts,
der meine törichten Reden kennt
und unkommentiert läßt,
der nicht danach fragt,
ob ich einen Tag nutze
oder vergeude,
der mir kein Gehör schenken wird,
wenn ich ihn bitte zu kommen,
bevor die letzte Hoffnung
verbraucht ist –
er, der Geduldige,
der es leicht hat,
gleichmütig zu sein:
der von Anfang an
feststehende Sieger.

Rainer Malkowski

Beginn des Endes

Ein Punkt nur ist es, kaum ein Schmerz,
nur ein Gefühl, empfunden eben;
und dennoch spricht es stets darein,
und dennoch stört es dich zu leben.

Wenn du es andern klagen willst,
so kannst du's nicht in Worte fassen.
Du sagst dir selber: »Es ist nichts!«
Und dennoch will es dich nicht lassen.

So seltsam fremd wird dir die Welt,
und leis verläßt dich alles Hoffen,
bis du es endlich, endlich weißt,
daß dich des Todes Pfeil getroffen.

Theodor Storm

Das Lied der Witwe

Am Anfang war mir das Leben gut.
Es hielt mich warm, es machte mir Mut.
Daß es das allen Jungen tut,
wie konnt ich das damals wissen.
Ich wußte nicht, was das Leben war –,
auf einmal war es nur Jahr und Jahr,
nicht mehr gut, nicht mehr neu, nicht mehr wunderbar,
wie mitten entzwei gerissen.

Das war nicht Seine, nicht meine Schuld;
wir hatten beide nichts als Geduld,
aber der Tod hat keine.
Ich sah ihn kommen (wie schlecht er kam),
und ich schaute ihm zu wie er nahm und nahm:
es war ja gar nicht das Meine.

Was war denn das Meine; Meines, Mein?
War mir nicht selbst mein Elendsein
nur vom Schicksal geliehn?
Das Schicksal will nicht nur das Glück,
es will die Pein und das Schrein zurück
und es kauft für alt den Ruin.

Das Schicksal war da und erwarb für ein Nichts
jeden Ausdruck meines Gesichts
bis auf die Art zu gehn.
Das war ein täglicher Ausverkauf
und als ich leer war, gab es mich auf
und ließ mich offen stehn.

Rainer Maria Rilke

Bitte an den Tod

Wart noch ein Weilchen, ehe du eintrittst: laß
dein Stundenglas mit dem Sand der Vergeblichkeit
bei mir. Ich hör ihn rinnen alle Tage,
doch den Sterbenden ist's kein gutes Geräusch.

Laß auch die Sense da, denn es gibt hier nichts
zu ernten. Sie zerspränge nur an dem Stein
der Bitterkeit, darunter dieses Leben
mit vergehendem Atem gräßlich sich wehrt.

Und geh nicht nackt. Als Mantel nimm meinen Schlaf.
Er ist zerlumpt, doch war er der letzte Trost,
der meiner Armut blieb. Ich werde wachen
bei den Dingen der Unerbittlichkeit.

Was ist uns geblieben? Zu Häupten die Sterne,
die unnahbar fremden,
unter den Füßen die Toten, das wilde, kindliche Gras
und im Herzen die Schuld, die ruhlos lebendige.

Christine Busta

Den Tod holen

Meiner Großmutter
War ich zu langsam
sie sagte:
»Dich muß man schicken
den Tod holen
wenn man
noch lange leben will«

Ich bin fortgegangen
damit der Tod
nicht mich holt
Meine Großmutter
hat dann nicht mehr
lange
gelebt

Ich bin mir selber
zu langsam
Ich sage mir
ich bin geschickt
das Leben zu holen
nur bin ich
zu ungeschickt

Erich Fried

wir hassen
und haben
oft wenig grund
zum haß

er haßte
und hatte
genügend grund
zum haß

er starb
und im sterben
vergaß er
den haß

wir leben
und um den haß
zu vergessen
werden wir sterben

Kurt Marti

Letzter Wille

Daß dieses Aneinanderliegen
auch nur einen der im Nachbarhaus
im Kalten stirbt
errettete –

daß unser Angerührtsein
und dein Lächeln so aus den Augen
strömte von der Stirn bis es
dem Sterbenden auf seinem Weg
ins Eis als Licht
erschiene –

daß wir und alle denen Funken
aus den Leibern springen
Gefangene Gefolterte
in Lagern und Verliesen
losliebten –

daß was stirbt
noch einmal Fackel wird
so hell und heiß daß wir
in diesem Feuer bebend
den Fluß zu sehen glauben
an dessen Ufern wir uns
zum erstenmal
begegnet sind.

Richard Exner

Kein Engel verrät ihre Spur

Der Tod

Was ist der Tod der Frommen?
Ein Schlüssel zu dem Leben,
Ein Grenzstein böser Zeit,
Ein Schlaftrunk alter Reben,
Ein Feind auf Krieg und Streit.
Ein Führer zu der Sonne,
Ein Steg ins Vaterland,
Ein Aufgang aller Wonne,
Ein Trieb von großer Hand.
Ein Zunder zu dem Lichte,
Ein Flug in jene Welt,
Ein Paradiesgerichte,
Ein Schlag, der alles fällt.
Ein Abtritt aller Plagen,
Ein Baum vor alle Not;
Was soll ich ferner sagen?
Dies alles ist der Tod.

Christian Hofmann von Hofmannswaldau

Nun ruhen alle Wälder

Nun ruhen alle Wälder,
Vieh, Menschen, Städt und Felder,
Es schläft die ganze Welt;
Ihr aber, meine Sinnen,
Auf auf, ihr sollt beginnen,
Was eurem Schöpfer wohlgefällt.

Wo bist du Sonne, blieben?
Die Nacht hat dich vertrieben,
Die Nacht, des Tages Feind;
Fahr hin! Ein ander Sonne,
Mein Jesus, meine Wonne,
Gar hell in meinem Herzen scheint.

Der Tag ist nun vergangen,
Die güldnen Sterne prangen
Am blauen Himmelssaal;
Also werd ich auch stehen,
Wenn mich wird heißen gehen
Mein Gott aus diesem Jammertal.

Der Leib eilt nun zur Ruhe,
Legt ab das Kleid und Schuhe,
Das Bild der Sterblichkeit;
Die zieh ich aus. Dagegen
Wird Christus mir anlegen
Den Rock der Ehr und Herrlichkeit.

Das Haupt, die Füß und Hände
Sind froh, daß nun zu Ende
Die Arbeit kommen sei;
Herz, freu dich, du sollst werden
Vom Elend dieser Erden
Und von der Sünden Arbeit frei.

Nun geht, ihr matten Glieder,
Geht hin und legt euch nieder,
Der Betten ihr begehrt;
Es kommen Stund und Zeiten,
Da man euch wird bereiten
Zur Ruh ein Bettlein in der Erd.

Mein Augen stehn verdrossen,
Im Hui sind sie geschlossen,
Wo bleibt denn Leib und Seel?
Nimm sie zu deinen Gnaden,
Sei gut für allem Schaden,
Du Aug und Wächter Israel.

Breit aus die Flügel beide,
O Jesu, meine Freude,
Und nimmt dein Küchlein ein!
Will Satan mich verschlingen.
So laß die Englein singen:
Dies Kind soll unverletzet sein.

Paul Gerhardt

Der Mensch ist bald vergessen

Der Mensch ist bald vergessen,
Der Mensch vergiß so bald,
Der Mensch hat nichts besessen,
Er sterb jung oder alt.

Der Mensch ist bald vergessen,
Nur Gott vergißt uns nicht,
Hat unser Herz ermessen,
Wenn es in Schmerzen bricht.

Wir steigen im Gebete
Zu ihm, wie aus dem Tod,
Sein Hauch, der uns durchwehte,
Tat unserm Herzen not.

Achim von Arnim

Letzte Worte

Geliebte, wenn mein Geist geschieden,
So weint mir keine Träne nach;
Denn, wo ich weile, dort ist Frieden,
Dort leuchtet mir ein ewger Tag!

Wo aller Erden Gram verschwunden,
Soll euer Bild mir nicht vergehn,
Und Linderung für eure Wunden,
Für euern Schmerz will ich erflehn.

Weht nächtlich seine Seraphsflügel
Der Friede übers Weltenreich,
So denkt nicht mehr an meinen Hügel,
Denn von den Sternen grüß ich euch!

Annette von Droste-Hülshoff

Ein Leben nach dem Tode

Glauben Sie fragte man mich
An ein Leben nach dem Tode
Und ich antwortete: ja
Aber dann wußte ich
Keine Auskunft zu geben
Wie das aussehen sollte
Wie ich selber
Aussehen sollte
Dort

Ich wußte nur eines
Keine Hierarchie
Von Heiligen auf goldnen Stühlen sitzend
Kein Niedersturz
Verdammter Seelen
Nur

Nur Liebe freigewordne
Niemals aufgezehrte
Mich überflutend

Kein Schutzmantel starr aus Gold
Mit Edelsteinen besetzt
Ein spinnwebenleichtes Gewand
Ein Hauch
Mir um die Schultern
Liebkosung schöne Bewegung
Wie einst von tyrrhenischen Wellen
Wie von Worten die hin und her
Wortfetzen
Komm du komm

Schmerzweb mit Tränen besetzt
Berg-und-Tal-Fahrt

Und deine Hand
Wieder in meiner

So lagen wir lasest du vor
Schlief ich ein
Wachte auf
Schlief ein
Wache auf
Deine Stimme empfängt mich
Entläßt mich und immer
So fort

Mehr also, fragen die Frager
Erwarten Sie nicht nach dem Tode?
Und ich antworte
Weniger nicht.

Marie Luise Kaschnitz

Im Zeitspalt
ein Gedanke gewesen,
bis der Ewigkeitsschrecken
ihn umwarf.

Was folgt,
ist nicht Schlaf,
sondern Skelett.

Das wissen
die Verständigen aber.

Ernst Meister

Es will sich
im Toten
das Nichts verschweigen.
So ist es
ganz wirklich.

Ernst Meister

Der Tod der Geliebten

Er wußte nur vom Tod was alle wissen:
daß er uns nimmt und in das Stumme stößt.
Als aber sie, nicht von ihm fortgerissen,
nein, leis aus seinen Augen ausgelöst,

hinüberglitt zu unbekannten Schatten,
und als er fühlte, daß sie drüben nun
wie einen Mond ihr Mädchenlächeln hatten
und ihre Weise wohlzutun:

da wurden ihm die Toten so bekannt,
als wäre er durch sie mit einem jeden
ganz nah verwandt; er ließ die andern reden

und glaubte nicht und nannte jenes Land
das gutgelegene, das immersüße –
Und tastete es ab für ihre Füße.

Rainer Maria Rilke

Ohne Widerrede

Zu denen
wird man uns betten
unter die Erde,
zu denen wir uns niemals
gesellt hätten,
und wir werden eine
Verträglichkeit erfahren
untereinander,
wie niemals zuvor,
und werden die Friedfertigkeit annehmen
des Staubkorns,
ohne Widerrede.

Michael Groißmeier

Der Greis

Die bösen Tage sind kommen;
Da sind sie nun, die Jahre,
Von denen ich sagen muß:
Leer sind sie mir von Freuden!
Sonne, Licht, Mond und Sterne
Dunkeln um mich; ich sehe nur Wolken
Und höre nur rasselnden Regen.
Die Hüter meiner Leibeshütte, die Hände, zittern.
Es krümmen sich die Starken, meine Füße.
Meine Zähne, die Mühlenmägde,
Haben Feierabend gemacht.
Aus den Fenstern der Augen blicken nicht mehr
Freundlich lächelnde Geister.
Verschlossen sind die Türen nach der Straße,
Denn vergebens horcht das Ohr nach Vogellaut;
Verstummt sind ihm die Töchter des Gesangs.
Schwindelnd fürcht ich mich auf dem Hügel
Und schrecke beim Tritte auf ebenem Wege.
Gleich dem Mandelbaume blüht mein Scheitelhaar.
An meinem Stabe zusammengekrümmt,
Bin ich der Heuschrecke gleich.
Vertrocknet ist in mir die Lust.
Bald werd ich beziehen mein ewiges Haus –
Und die Kläger werden beflort gehen auf den Gassen.
Doch einst wird des Lebens Silberstrick wieder geflochten,
Neugeschaffen mein Herz, die güldene Kugel.
Dann rasselt wieder am Rande des Brunnens der Eimer
Und schöpft aus dem Quelle lebendes Wasser.
Geselle dich immer zur Erde, mein Staub;
Bist ja mit ihr verwandt.
Du aber, mein Geist,
Fleugst auf zu Gott, der dich gegeben hat.

Christian Friedrich Daniel Schubart

Totenspruch auf einen Vogel

O winziges Geschick! O Feder, die ich fand
salzweiß, doch blutbefleckt, im Parkweg auf dem Sand!
Bleib, Wandrer stehen. Nein, – geh weiter, doch gemach,
denk nur sekundenlang dem kleinen Vogel nach.
O federleichter Tod! O furchtbares Gewicht,
die Schale dieser Welt belastend zum Gericht.
Ein Großes ist nicht groß, ein Kleines ist nicht klein.
Es kann kein Erdenmaß vor Gottes Antlitz sein.
Ich hob die Feder auf, ihr Schaft war schlank gespitzt,
ich hab den Totenspruch mit ihm in Sand geritzt.
In Sand, der vogelschnell von jedem Tritt zergeht,
den jeder Atemzug des stillsten Tags verweht.
Gefiele Gott dem Herrn ein Ewiges auf Erden,
so ließ er diesen Sand gewiß zu Marmor werden.
Er aber will, es sei vor ihm und uns ein Nu:
Sand, Schrift und Marmorstein, der Vogel, ich und du.

Werner Bergengruen

Der Tod als Jägerknecht

Ob ers denn wisse, was dann drüben käme?
Voll Neugier fragte einer so den Tod.
Der schwieg verlegen, wurde dann so rot,
Als ob er seiner Unkenntnis sich schäme,

Und sagte: Nein! Was wisse denn das Schrot
Im Herz des Hasen, wenns im Sprung ihn lähme,
Das holde Licht aus seinen Augen nähme?
Er selber äße nur armselig Brot

Des Hausgesindes, sei ein Jägerknecht.
Und wenn die Strecke hingebreitet liege,
Weiß die Gesichter, froststeif die Gelenke,

So trüge man sie an des Schlosses Stiege
Zum Herrn der Jagd. Er wisse selbst nicht recht,
Was der damit dann anzufangen denke.

Georg Britting

Die Auferstandenen

Wo sind
die Auferstandenen
die ihren Tod
überwunden haben
das Leben liebkosen
sich anvertrauen
dem Wind

Kein Engel
verrät
ihre Spur

Rose Ausländer

Hinter dem großen Gewässer

Was hat er dort zu tun
im Dunkel hinter dem großen Gewässer?
Dort kann man ihn nicht lassen
von dort muß man ihn holen
wo der Engel mit dem Pferdehaar umgeht und austrinkt
die Seen
und an Land die Haie laufen, die Meerspinnen wild
von dort kommen uns kein Zeichen
wir wissen nichts von ihm in jenem Schatten
kein Pfeifen lockt ihn aus dem Busch, kein Winken
aus jenem dunklen Land muß man ihn holen
an den Haaren aus dem Düster ziehn
daß seine fernen Schreie zu uns dringen
daß sein fremdes weißes Gesicht sich zeigt
und aufsteigt wie der Mond
über den großen Gewässern, die uns von ihm trennen.

Christoph Meckel

Was wissen die Toten

Man könnte doch fragen.
Wen denn? Den Schäfer etwa.
Der ist so von immer. Der ging mit den Schafen
Alle die Zeiten bergauf und bergunter und rief seine Hunde
Mit Namen von Flüssen, weil Wasser den schützenden Kreis
zieht.
Aber der Schäfer schweigt,
Pocht mit dem Stab auf die Erde,
Zählt seine Lämmer und schweigt.

Die Alten auch könnte man fragen, die lange da sind.
Und haben schon vieles erfahren weltauf und weltunter
Und stehen zum erstenmal nicht auf dem Ararat, sehen die
Taube,
Die flügellahme, verschwinden.
Aber die Alten senken den Blick auf die Erde,
Wiegen ihr Brot ab und schweigen.

Meint ihr die Toten? Was wissen die Toten. Du,
Der du Dich einst in der Schneewüste Stalingrads
Vor die Räder geworfen, die Fluchträder, Heimaträder,
Weil du verloren warst in der Schneewüste Stalingrads
Und wolltest nach Hause. Nur daß man den Wagen
nicht anhielt,
Nur daß Dir die rollenden Räder den Atem zerdrückten,
Was weißt Du jetzt?

Was wissen die Toten. Du,
Die sich in der Zelle aus Fetzen zerrissener Leinwand
Oder aus etwas dergleichen die Todschlinge drehte
Und sich erhängte am Türgriff (oder an etwas dergleichen)
Und sank in die Tiefe aus Schwerkraft der Liebe,
Dort hinab, wo wir vermeinen, daß Klage und Jubel eins sind.
Was weißt Du jetzt?

Und Du, der Du fortgingst mit den geflochtenen Körben
Waldwärts und kamest nicht wieder. Dein Bild stand begonnen im Werkraum
Und das Essen stand auf dem Tisch und du kamest nicht wieder,
Deine Farben trockneten ein in der Sonne, im Seewind,
Der ging um Dein Haus und bewegte den kurischen Wimpel,
Du kamst nicht wieder. Was weißt Du jetzt?

Immer wenn sich die Unterwelt aufgetan hat
Und hat in die Tiefe gerissen ein Unmaß von Leben,
Stehn wir hernach an den klaffenden Spalten und fragen.
Die Mütter kommen und fragen »Hat es Dir weh getan, Kindchen?«
Die Frauen fragen »Was habt Ihr allein uns gelassen?«
Ratlose kommen und fragen »Wie ist es dort unten?«
Aber alles bleibt still.

Und die Mütter wenden sich um und gehen den schweren Weg zurück
Und stellen sich an den Herd und versorgen die alternden Männer.
Und die Frauen wenden sich um und gehen den schweren Weg zurück
Und beugen sich über das Bett und versorgen die hilflosen Kinder.
Nur die Dichter verweilen noch immer. Mit brennenden Augen
Saugen und rufen und führen sie plötzlich herauf uns
Die Toten, ein großes Gewimmel.

Das ist ein Schauspiel, ein Allerseelengepränge,
auf der Bühne stehen die Toten hinter den Falten,
Murren und lärmen. Zieht doch den Vorhang beiseite,
Richtet die Scheinwerfer heller. Ihr habt uns gerufen.
Jetzt sind wir gekommen. Ertragt uns.

Auf der Bühne stehen die Toten. Die letzten, die jüngsten,
Die mit dem Schuß durch die Brust und dem Schuß durch den Nacken,
Die Wassertoten,

Die Feuertoten,
Die Gehenkten.
Aber die älteren auch, die in ihren Betten gestorben,
Die am Krebs, an der Auszehrung, die an der Liebe
gestorben,
Tot ist tot. Warum sollten sie nicht dabei sein?

Auf den Brettern stehen die Toten und schreien.
»Was wir dort unten tun, wollt ihr wissen? – Nichts.
Wir sitzen dort drunten, so wie wir im Leben gesessen
Mit der Zeitung, dem Strickzeug, den alten vergeblichen
Worten.
Das ist der Tod.«

Überall sichtbar stehen die Toten und schreien.
»Was wir gewonnen haben im Sterben? – Nichts.
Wir sehen euch alles das Alte von neuem beginnen,
Wir sehen Euch, wie Ihr die Waffen schärft und die
Wachttürme rüstet.
Das ist die Hölle.«

Im Rampenlicht stehen die Toten gewaltig und schreien.
»Was wir erfahren vom ewigen Leben? – Nichts.
Wir tasten die Leere. Wir hören die Stille.
Das ist der Himmel.«

Was für Tote habt Ihr, Dichter, entbunden.
Wundert Ihr euch, daß die Zuschauer greinend ihr Antlitz
verstecken,
Daß ein Schrecken ist und ein Aufruhr, ein Schrei – Wer
erträgt das?
Und ein anderer »Bringt sie zum Schweigen!«
Und ein dritter, schüchtern und bang »Geht fort, liebe Tote«,
Und ein vierter »Wir glauben Euch nicht.
Das sind unsere Toten nicht –«
Und hunderte »Endet das Spiel, laßt den eisernen Vorhang
herunter.«

Und ein Aufruhr ist, eine Angst.
Und es wird keine Ruhe mehr, bis sie zurückgetrieben
Und der Felsblock gewälzt des Vergessens.

Bis alles still ist, so still,
Daß sacht die Geräusche des Lebens
Wieder erwachen. Wie Kinderweinen erwacht,
Wenn die Schreie Gebärender schweigen,
Wie das Murmeln der Quelle sich aufhebt,
Wenn der Sturzbach verrauscht ist.

Bis alles so still ist, daß nachts
Im Tale des Todes wieder
Stehn an die Felsen gelehnt
Stumme riesige Engel.

Marie Luise Kaschnitz

Wie Menschen mit dem Tod umgehen

Von der Freundlichkeit der Welt

1

Auf die Erde voller kaltem Wind
Kamt ihr alle als ein nacktes Kind.
Frierend lagt ihr ohne alle Hab
Als ein Weib euch eine Windel gab.

2

Keiner rief euch, ihr wart nicht begehrt
Und man holte euch nicht im Gefährt.
Hier auf Erden wart ihr unbekannt
Als ein Mann euch einst nahm an der Hand.

3

Und die Welt, die ist euch gar nichts schuld:
Keiner hält euch, wenn ihr gehen wollt.
Vielen, Kinder, wart ihr vielleicht gleich.
Viele aber weinten über euch.

4

Von der Erde voller kaltem Wind
Geht ihr all bedeckt mit Schorf und Grind.
Fast ein jeder hat die Welt geliebt
Wenn man ihm zwei Hände Erde gibt.

Bertolt Brecht

Auch dieser noch

Einer ging wie gewöhnlich spazieren.
Da war ihm, er müsse sich ausruhen
auf seiner Lieblingsbank.

Einer drehte sich einfach zur Wand.

Einer schrie,
drei volle Tage,
drei volle Nächte.

Auch dieser noch starb,
wie man sagt,
eines natürlichen Todes.

Rainer Malkowski

Es sterben nur die andern

Der Bus fährt
fast im Schritt
auf der steinigen Straße.

Einmal hält er an,
und der Fahrer
unterhält sich mit einem Hirten.

Wenig später mit einer Frau,
deren Mann gestorben ist
und die ihm einen Brief
ins Dorf mitgibt.

Er ist jung.
Es sterben nur die andern.

Walter Helmut Fritz

Der
Tod ist
ein heißes
Eisen das faßt
man nicht an not
gedrungen mit Hand
schuhen und Zangen
am liebsten mit
Formularen ge
stempelten
druckten
Lügen

Ver
sicherungs
papiere schnein
aus einem Himmel
der ohne Trost aber
mit Zahlen gepflastert
ist bis ins Unendliche
im Tränenmuseum rie
seln Staub und
Stunden auf
blindes
Glas

Bruno Hillebrand

Der alte Friedhof in Nürtingen

Vor einunddreißig Jahren stand
da noch ein alter Fliederbaum.

Als Kind bin ich die Wege oft
gegangen, lernte die Toten beim Namen
und
dachte mir Geschichten
für ihr Leben aus.

Dann zog ich fort.
Der Fliederbaum verschwand.
Der Friedhof werde,
heißt es,
nun planiert.

Da ruhn die Toten schon
zu lang;
so viele Jahre,
meinen die Planeure,
hält die Trauer
nicht.

Peter Härtling

Weltlauf

Hat man viel, so wird man bald
Noch viel mehr dazubekommen.
Wer nur wenig hat, dem wird.
Auch das wenige genommen.

Wenn du aber gar nichts hast,
Ach, so lasse dich begraben –
Denn ein Recht zum Leben, Lump,
Haben nur die etwas haben.

Heinrich Heine

Tod

Der Tod ist ist kein Reiter auf schwarzem Pferd
und nicht mehr das alte Gerippe.
Er braucht keine Geißel, er schwingt kein Schwert,
er trägt nicht Kapuze, noch Hippe.

Der Tod fährt im Auto bei leiser Musik,
wenn draußen die Nebel brauen.
Er blickt auf die Uhr und lehnt sich zurück:
Er kann seinem Zeitplan vertrauen.

Der Tod reist heute im Düsenjet
mit Komfort über arktische Zonen.
Er schlürft Champagner und lächelt nett
bei den Schwimmwestendemonstrationen.

Der Tod liegt als Glocke über der Stadt
aus Smog und giftigen Gasen.
Du siehst an den Bäumen kein grünes Blatt,
und die Blume vergilbt auf dem Rasen.

Der Tod gibt sich gerne für fortschrittlich aus:
Wenn wir glauben, es ginge uns besser,
kocht er im Labor seine Süppchen aus
und schüttet sie in die Gewässer.

Der Tod spielt mit uns heute »Kopf oder Zahl«
um die Erde, auf der wir wohnen.
Beim Billard ist er ein Meister zumal:
Als Kugel benützt er Neutronen.

Der Tod reitet auf einem Laserstrahl,
seine Viren gedeihn in Retorten.
Er hat ein Raketenarsenal
und regiert aus verborgenen Orten.

Wohin wir auch rennen, der Tod ist schon da,
wie die Igel den Hasen jagen.
Und wer's noch nicht hörte, und wer's noch nicht sah:
Die Fische können's ihm sagen.

Wir selber gaben ihm solche Gewalt
wie niemals zuvor auf Erden.
Gott, lehre es uns bedenken und bald,
auf daß wir weise werden.

Michael Ende

Der Tod im Schacht

Zweihundert Männer sind in den Schacht gefahren.
Mütter drängen sich oben in Scharen.
Rauch steigt aus dem Schacht.

Die Kohlenwälder nachunten glühen,
Urwilde Sonnenfeuer sprühen.
Rauch steigt aus dem Schacht.

Retter sind hinabgestiegen;
kamen nicht wieder, sie blieben liegen.
Rauch steigt aus dem Schacht.

Der Brandschlund frißt seine Opfer – und lauert.
Die brennenden Stollen werden zugemauert.
Rauch steigt aus dem Schacht.

Zweihundert waren in den Schacht gefahren.
Mütter weinen an leeren Bahren.
Rauch steigt aus dem Schacht.

Gerrit Engelke

Paul

Neunzehnhundertsiebzehn
an einem Tag unter Null geboren,

rannte er wild über den Kinderspielplatz,
fiel, und rannte weiter,

den Ball werfend über den Schulhof,
fiel, und rannte weiter,

das Gewehr im Arm über das Übungsgelände,
fiel, und rannte weiter

an einem Tag unter Null
in ein russisches Sperrfeuer

und fiel.

Rainer Brambach

Der lag besonders mühelos am Rand

Der lag besonders mühelos am Rand
Des Weges. Seine Wimpern hingen
Schwer und zufrieden in die Augenschatten.
Man hätte meinen können, daß er schliefe.

Aber sein Rücken war (wir trugen ihn,
Den Schweren, etwas abseits, denn er störte sehr
Kolonnen, die sich drängten) dieser Rücken
War nur ein roter Lappen, weiter nichts.

Und seine Hand (wir konnten dann den Witz
Nicht oft erzählen, beide haben wir
Ihn schnell vergessen) hatte, wie ein Schwert,
Den hartgefrorenen Pferdemist gefaßt,

Den Apfel, gelb und starr,
Als wär es Erde oder auch ein Arm
Oder ein Kreuz, ein Gott: ich weiß nicht was.
Wir trugen ihn da weg und in den Schnee.

Walter Höllerer

Soldatenfriedhof in Frankreich

das ist der weinberg des herrn

in reih und glied stehen die stöcke

jeder trägt schwer
an seinem namensschild

der befehl
rührt euch

gilt uns

Harald Grill

Der Gerichtsengel

(Zu einer Pfeilerfigur aus dem Straßburger Münster)

Laß mich versteint. Ich mag die Toten nicht wecken!
Ich ging durch die Städte und konnte die Lebenden
nicht entdecken:
Wildnis war.
In den Häusern wohnte das Gras. Aus den Fenstern
sahn
Purpurdistel und gelber Löwenzahn.
Vor den Toren wucherte graues Nesselhaar.

Laß mich versteint. Was kann noch die Lebenden
schrecken?
Unterirdisch bei Gräbern, in finsteren Trümmerverstecken
hausen sie.
Auf den Äckern hocken Schwärme gemästeter Krähen.
Aber die Pflüger ernten nicht, was sie säen:
ihre verfallenden Scheuen füllt Aas ...
Wer richtet die?

Christine Busta

Drei arten zu trauern

Die grablegung christi von matthias grünewald
ist eine darstellung der trauerarbeit von drei menschen
die mit dem toten nicht fertig werden
er ist viel größer als sie

Der junge mann unterernährt
versucht die leiche fortzuschaffen
früher hat er säcke geschleppt
aber jetzt siehst du
in seinen schultern und den rücken entlang
zärtlichkeit für den toten

Eine frau kniet zu den füßen des toten und schreit
ihre zähne sind ausgefallen
vermutlich nach vielen geburten und fehlgeburten
der mund ein schwarzes loch
sie schreit mit den gewundenen händen
mit dem verkrümmten körper
die feldarbeit der vielen jahre schreit
du weißt nicht
ob sie je aufhören wird zu schreien

Die dritte trägt ein weißes tuch
um kopf und schultern
ihre augen sind unsichtbar
der mund und die nase erkennbar doch stumm
sie sprechen nicht

Johannes bettet den leichnam
magdalena schreit
maria ist versteint

So sind menschen mit dem tod umgegangen
arbeitend schreiend und versteint
die wahrheit falls von interesse

ist das ganze
du wirst schreien
du wirst beerdigen
du wirst zu stein werden

Der maler der drei arten zu trauern kannte
hat auch den mond und die kahlen bäume gebeten
trauern zu helfen
der rote felsen schreit und beerdigt

In einer zeit ohne trauergesten
ohne kleider und sprachen für schmerz
sah ich sein teilstück des isenheimer altars
als einübung in die trauer

Laß nichts aus ich bitte dich

Dorothee Sölle

ihr fragt
wie ist
die auferstehung der toten?
ich weiß es nicht

ihr fragt
wann ist
die auferstehung der toten?
ich weiß es nicht

ihr fragt
gibts
eine auferstehung der toten?
ich weiß es nicht

ihr fragt
gibts
keine auferstehung der toten?
ich weiß es nicht

ich weiß
nur
wonach ihr nicht fragt:
die auferstehung derer die leben

ich weiß
nur
wozu Er uns ruft:
zur auferstehung heute und jetzt

Kurt Marti

Zu diesem Buch

Jede Zeit, jede Gesellschaft hat ihre eigenen Todeserfahrungen, ihre eigenen Todesbilder. Der Tod als Durchgang zu einem anderen, erfüllteren Leben – das ist die christliche Botschaft. Aber es gibt auch das Entsetzen angesichts des Todes, die Antwortlosigkeit, die Hoffnungslosigkeit – oder die stoische Hinnahme, sogar das Gelächter. Dies alles findet sich in unserer Sammlung deutscher Lyrik, die mit der Vergänglichkeitsklage der Barockdichter einsetzt und bis in die Gegenwart führt. Bekanntes steht hier neben Unbekanntem, und immer wird auf unverwechselbare Weise die Frage nach dem Ende des Lebens gestellt: eine Existenzfrage. Unsere Auswahl kann und will nicht vollständig sein, nicht einmal repräsentativ. Sie möchte nur eines, nämlich zum Nachdenken anregen, zur Auseinandersetzung mit dem eigenen Tod, der unweigerlich auf uns zukommt und deshalb nicht tabuisiert werden darf.
Die Rohrfederzeichnungen in diesem Buch stammen von der Berliner Künstlerin Eva Johanna Rubin, die durch phantasievoll-liebenswerte Kinderbuchillustrationen berühmt geworden ist. Zur Palette ihrer künstlerischen Möglichkeiten gehört aber auch das Dunkle und Schmerzhafte. Die Zeichnungen sind dem Motiv des Totentanzes verpflichtet, das bis in die Pestzeiten des Mittelalters zurückreicht. Der Tod tanzt mit allen Standespersonen, mit Dame und Bettler, mit jung und alt. So stellt es Eva Johanna Rubin noch in unserem Jahrhundert dar. Aber ihr Blick gilt nicht mehr dem typischen, sondern dem individuellen Schicksal: Jeder Sterbende hat sein eigenes Gesicht, seinen eigenen Tod. So sind die Zeichnungen zutiefst menschlich, obwohl oder gerade weil das Massensterben im Zweiten Weltkrieg zu den prägenden Erlebnissen der Künstlerin gehört.

Inge und Erich Jooß

Quellenverzeichnis

Aus dem Paul List Verlag, München: S. 11, 99: aus: Georg Britting, Gedichte. – S. 42/43: aus: Anna Jonas, Nicht mehr an seinem Platz. Gedichte. 1981. – S. 117: aus: Gerrit Engelke, Das Gesamtwerk. 1960.

Arche Verlag, Zürich 1992: S. 16, 63, 98: aus: W. Bergengruen, Gestern fuhr ich Fische fangen.

Rowohlt Verlag, Reinbek 1980: S. 30: aus: Rolf Dieter Brinkmann, Standphotos.

Claassen Verlag, Hamburg 1965: S. 36, 102–106: aus: Überallnie. Ausgewählte Gedichte 1928–1965.

Europa Verlag, Wien 1987: S. 40: aus: Th. Kramer, Gesammelte Gedichte 3.

Verlag Langewiesche-Brandt, Ebenhausen 1989: S. 41: aus: Gedichte. Gesamtausgabe und Auswahl aus dem Nachlaß. Christiane Peter/Kristian Wachinger.

Suhrkamp Verlag, Frankfurt/Main: S. 43: aus: Fahrt ins Staublose. Die Gedichte der Nelly Sachs. 1961. – S. 69 unten: aus: Das Meer steht auf. 1989. – S. 72: aus: Was auch immer geschieht. 1986. – S. 110: aus: Zu Gast. 1983. – S. 70, 109: aus: Gesammelte Werke. Die Gedichte. 1967.

Franz Schneekluth Verlag, München: S. 48: aus: Fast ein Gespräch. Gedichte. 1980. – S. 79: aus: Ein halber Himmel. Gedichte. 1988. – S. 64 oben: aus: Fluganweisung. Gedichte. 1985. – S. 96: aus: Dem Rauch mißtrauen. Gedichte. 1984.

Luchterhand Verlag, Darmstadt-Neuwied 1985: S. 49: aus: Ursula Krechel, Vom Feuer lernen. – S. 78, 125: aus: Kurt Marti, Leichenreden. 1969. – S. 113: aus: Peter Härtling, Anreden. 1977.

Herder, Freiburg: S. 50–52: aus: H. Piontek, Helldunkel. Gedichte.

Ludwig Fels, Wien: S. 53–56.

R. Piper & Co Verlag, München 1967: S. 57–58: aus: Die Sternenreuse. S. Fischer Verlag, Frankfurt/Main 1981: S. 64/65, 100: aus: Rose Ausländer, Mein Atem heißt jetzt. Gedichte. – S. 101: aus: Ch. Meckel, Wildnisse. 1962. – S. 112: aus: Bruno Hillebrand, Über den Rand hinaus. Gedichte.

Verlag Carsten Pfeiffer, München 1988: S. 65 unten: aus: M. Groißmeier, Mit der Erdkugel am Fuß. Gedichte.

Klett-Cotta, Stuttgart 1986: S. 66 oben: aus: Gottfried Benn, Sämtliche Werke. Stuttgarter Ausgabe.

Carl Hanser Verlag, München–Wien 1984: S. 66 unten: aus: Christoph Meckel, Souterrain. Gedichte. – S. 119: aus: Walter Höllerer, Der andere Gast. Gedichte. 1952.

Insel Verlag, Frankfurt/Main 1955: S. 69 oben, 74, 94: aus: Sämtliche Werke. – S. 89/90: aus: Gesammelte Werke in sieben Bänden, Bd. 5: Die Gedichte. 1985.

Otto Müller Verlag, Salzburg ²1977: S. 76, 121: aus: Der Regenbaum.

Verlag Klaus Wagenbach, Berlin 1967: S. 77: aus: E. Fried, Anfechtungen. Fünfzig Gedichte, Quarthefte 22.

Rimbaud Verlag, Aachen 1987: S. 92 unten: aus: Im Zeitspalt.

Hoffmann und Campe Verlag, Hamburg 1979: S. 111: aus: Walter Helmut Fritz, Gesammelte Gedichte.

Weitbrecht/Thienemann Verlag, Stuttgart–Wien: S. 114–116: aus: Michael Ende, Der Trödelmarkt der Träume.

Diogenes Verlag, Zürich 1989: S. 118: aus: Rainer Brambach, Heiterkeit im Garten. Das gesamte Werk.

Edition Toni Pongratz, Hauzenberg: S. 120: aus: Harald Grill, Wenn du fort bist.

Wolfgang Fietkau Verlag, Berlin 1981: S. 122–124: aus: Spiel doch von Brot und Rosen.